季節の10分スイーツ

カンタンなのにかわいい★

しらいしやすこ　小澤綾乃 著

理論社

もくじ

10分スイーツで使う
おもな市販品のお菓子たち……4

お菓子づくりの道具を用意しよう……34

春 SPRING

フルーツロリポップ……6
モチモチいちご大福……7
フルーツトライフル……10
マシュマロベリーサンド……12
100%フルーツグミ……14
サクラスク……16

COLUMN コラム

超カンタン!
ひとくちスイーツ……18

夏 SUMMER

ハワイアンパンケーキ……20
トロピカルシャーベット……21
キラキラスターゼリー……24
レモンミルクレープ……26
ひんやりピーチプリン……28
サマーレアチーズケーキ……30

COLUMN コラム

超おいしい!
春と夏にぴったりドリンク……32

お菓子づくりにあたって

●調理時間の表示について
レシピに表示した調理時間はめやすです。
材料を用意する時間、
冷やす時間は含まれていません。

●電子レンジについて
この本では、600Wの電子レンジを使っています。
500Wの場合は、加熱時間を約1.2倍に、
700Wの場合は約0.8倍にかえてください。

秋 AUTUMN

ふわふわドーナツサンド……36
ホワイトチョコマロン……37
パンプキンマフィン……40
マシュマロバー……42
梨のシャンティー……44
柿のクランブル……46

COLUMN コラム
超カンタン!
ひとくちスイーツ……48

冬 WINTER

ふわふわズコット……50
ブッシュ・ド・ノエル……51
らくちんアップルパイ……54
カステラチョコボール……56
プチショコラ……58
カルピスフレンチトースト……60

COLUMN コラム
超おいしい!
秋と冬にぴったりドリンク……62

● スピードアップのコツ
冷蔵(凍)庫で冷やしている時間や
電子レンジで温めている時間を利用して、
材料を切ったりまぜたりしましょう。より早くつくるコツです。

● 注意してね
＊ガスを使うときは、火のそばから離れないようにします。
＊ガスのそばに、燃えやすいものを置いてはいけません。
＊包丁やハサミを使うときは、手を切らないように十分注意します。

10分スイーツで使う おもな市販品のお菓子たち

おいしい・かわいい・おしゃれ！な10分スイーツで活躍する、お店で売っているお菓子や材料を紹介します。

ケーキ類
自分で焼くとたいへんなスポンジケーキ、ロールケーキ、バウムクーヘンなどは市販品にまかせて、デコレーションなどに工夫を。

缶詰
桃、パイナップル、さくらんぼなどフルーツの缶詰は、皮をむいたり、種を取ったりする手間がはぶけます。シロップもスイーツづくりに活かして。

チョコレート
板チョコ（ホワイト含む）をとかして、仕上げのデコレーションに使ったり、細かく刻んで、ほかの材料とからめたり。この本では大活躍です。

クッキー・ナッツ類
くだいてケーキの土台にしたり、ほかの材料とまぜて食感を出したりするのに使います。食べ応えも加わり、ボリュームアップにも。

粉類
パンケーキやクレープづくりに、手軽においしく仕上がるホットケーキミックスやクレープミックス、蒸しパンミックスなどを活用します。

ジュース
ゼリーや手づくりドリンクをつくるのに、ジュースは欠かせません。この本では、ヘルシーな100％果汁のものを使っています。

ジャム・クリーム
いちご、レモン、ブルーベリーなどのジャム類、チョコなどのクリーム類はぬったり、サンドしたり、ジュースに加えたりと使えるアイテムです。

ヨーグルト
ヨーグルトの酸味は、スイーツの味をさわやかにしてくれます。パンケーキの隠し味にしたり、フルーツドリンクに加えたりします。

フルーツロリポップ
モチモチいちご大福
フルーツトライフル
マシュマロベリーサンド
100%フルーツグミ
フレッシュいちごジャム
サクラスク

SPRING

暖かな春風にさそわれて学校に走れば、校庭の桜はきっと満開♥
ひなまつり、ホワイトデー、入学式、クラス替え。
春はイベントがいっぱい！
今日は新しい友だちと一緒に、春の果物をたくさん使って、
かわいいスイーツをつくっちゃおう！

春 SPRING

フルーツロリポップ
果汁(かじゅう)あふれるフルーツキャンディ♪

モチモチいちご大福
モチモチふわふわおもちにあんこたっぷり♥

春 SPRING

フルーツロリポップ

材料・15〜20個分

いちご…10個
バナナ…2本

＋

砂糖…100g
水…大さじ2

つくりかた

⏰ 8

1

いちごは洗ってヘタを取り、水気をふきとります。バナナは皮をむき、2cmの厚さの輪切りにします。

2

くしにいちごとバナナをさします。

3

水あめをつくります。小なべに砂糖と水を入れて強火にかけ、なべをゆらしながら砂糖をとかします。

4

砂糖が完全にとけると、なべのふちからうす茶色に色づいてきます。さらになべをゆすりながらカラメル色になったら火を止めます。

5

ぬれたふきんの上になべを置いて、少し冷まします。

6

くしにさしたフルーツに、スプーンなどで写真のようにななめになるように水あめをかけて、あめが固まればできあがり。

おいしく！のコツ

水あめを上手につくるには、絶対にスプーンなどでかきまぜないこと。できあがりの口当たりがざらざらになってしまいます。なべから目をはなさず、なべをゆらしながら砂糖をとかしてね。

モチモチ いちご大福

材料・6個分
- あんこ(市販)…150g
- 切りもち…200g(約5個)
- いちご…6個
- 水…大さじ2
- 砂糖…小さじ2
- 片栗粉…適量

準備しておこう
★いちごは洗って水気をふき取り、ヘタを取っておきます。

食べものミニ知識
いちごはビタミンCがたっぷり。1日の必要量は約7粒ほどでとれます。また食物せんいやむくみをとるカリウムも豊富です。

つくりかた （10分）

1 あんこは6等分に分けて丸めます。

2 耐熱ボウルに切りもち、水、砂糖を入れます。

3 電子レンジで約3分加熱。もちが熱いうちに、水にくぐらせためん棒で、もちがひとまとまりになるまでつぶします。

4 片栗粉をひいたバットの上に❸を広げ(やけどに注意)、キッチンバサミなどで6等分に切り分けます。

5 切り分けたもちを平たくし、❶のあんこを包みます。写真のように、もちのはしを中央でつまむようにして口を閉じるのがポイント。片栗粉を手につけておくと、もちが手につきません。

6 写真のように、手のひらにおさまるくらいの大きさに丸めたら、いちごを上にのせてできあがり。

春 SPRING

フルーツトライフル
季節の果物と生クリームのハーモニー

材料・グラス4〜5個分

- いちご…16個
- バナナ…1本
- ブルーベリー…20個
- スポンジケーキ(市販)…5号サイズの½台(約100g)

- レモン汁…小さじ1

簡単カスタードクリームの材料
- カスタードプリン(市販)…1個

- 生クリーム…200㎖
- 砂糖…20g
- かざり
- ミント…適量

つくりかた

⏰ 8

1 いちごは洗って水気をふき、ヘタを取ります。バナナは皮をむき1㎝の厚さの輪切りにし、レモン汁をからめておきます。

2 スポンジケーキは2〜3㎝の角切りにします。

3 ボウルに生クリームと砂糖を入れ、ボウルの底に氷水をあてて、冷やしながら泡立て器かハンドミキサーで泡立てます。

4 少し、もったりとした重さを感じられるようになったら、泡立て器をもちあげてみて。写真のように角がたって、ゆっくりとたれる状態になったらOK。

おいしく！のコツ

生クリームを泡立てるとき、氷水につけるのは、きめ細かくなめらかなクリームをつくるため。温度が高いと柔らかくなりすぎてうまく角がたちません。

5 ❹の⅓を別のボールにうつし、プリンを入れてまぜ、簡単カスタードクリームをつくります。

6 グラスなどに、スポンジケーキ、フルーツ類、❹と❺を順に重ね、ミントをかざります。

春 SPRING

マシュマロベリーサンド

とろとろマシュマロとさわやかベリーのコンビ

材料・6枚分

マシュマロ…3個
好みのクッキー…12枚
いちごジャム…小さじ2

つくりかた

1 マシュマロは厚みが1/2になるようにハサミで切り、6枚のクッキーにのせます。

2 残りの6枚にジャムをぬり、12枚すべてをオーブントースターに並べ、1～2分焼きます。

3 マシュマロのクッキーとジャムのクッキーでサンドしたらできあがり。

食べものミニ知識

マシュマロはトースターで焼くと、表面はふわふわ、中はトロトロ。電子レンジでチンすると、とろ～り。冷蔵庫で冷やしてもおいしいよ。

春 SPRING

100%フルーツグミ
ジューシーな味わいが口いっぱいに広がる！

材料・各15個(計45個)分
直径3㎝の型を使用

オレンジジュース…80㎖
りんごジュース…80㎖
ぶどうジュース…80㎖

＋

砂糖…大さじ1×3
ゼラチン…10g×3
サラダ油…適量

つくりかた

1

オレンジジュースは温めて、ふっとう直前で火からおろして砂糖（大さじ1）と、ゼラチン（10g）を入れてとかします。

2

好みの型にうすくサラダ油をぬっておきます。

3
❶をスプーンで型に流し入れ、冷蔵庫で約20分、冷やし固めます。りんごジュースとぶどうジュースも同じようにつくります。

3種類の味のグミを型からはずし、お皿やグラスなどにかわいくかざってね♪

おいしく！のコツ
ジュースが泡立っていたら、クッキングペーパーで泡にそっとふれるとなくなります。きれいに仕上がるポイントです。

春 SPRING

サクラスク

サクサクのラスクは春の香りいっぱい♪

材料・約15枚分

フランスパン…½本
練乳…大さじ2
桜の塩漬け…15個

＋

バター(無塩)…30g
砂糖…大さじ1

準備しておこう

★バターは室温にもどしておきます。
★桜の塩漬けは水につけて塩分を抜き、水気を切っておきます。

ちょこっとアレンジ！

桜の塩漬けのかわりに、抹茶やきな粉のパウダーをかけてもおいしいよ。

つくりかた

1

フランスパンは1cmの厚さに切ります。

3

❷をフランスパンにぬり、塩抜きした桜をのせます。

2

ボウルにバターと砂糖、練乳を入れてよくまぜます。

4

オーブントースターで5分焼きます。

練乳の甘さと桜の塩漬けの風味がベストマッチ♪

超カンタン！
ひとくちスイーツ

重ねて、ぬって、冷やして。5分でできちゃう季節感たっぷりのキュートなプチスイーツたち。
パパッとつくって友だちを驚かせちゃおう！

フルーツサンド
果汁あふれる絶品サンド♪

材料
食パン（サンドイッチ用）…5枚
ホイップクリーム（市販）…100㎖
いちご、メロンなど好みのフルーツ…適量

つくりかた ⏰5
❶サンドイッチ用パンは4等分に切ります。フルーツはパンの大きさに合わせて切ります。
❷パンにホイップクリームをぬり、フルーツを置いて重ねていきます。3段重ねが食べやすいサイズです。

練乳アイス
シャリシャリでとってもミルキー♥

材料
牛乳…200㎖
生クリーム…30㎖
練乳…大さじ4

つくりかた ⏰3
❶すべての材料を合わせてまぜます。
❷製氷皿や好みの型に流し入れ、冷凍庫で冷やし固めます。

プチチーズケーキ
ジャムの風味がチーズとマッチ！

材料
クリームチーズ…100g
好みのジャム…適量

つくりかた ⏰3
❶クリームチーズは小さめの好みの型で抜きます。
❷❶の上にジャムをのせます。

バナーヌ
バナナをかわいくデコレーション

材料
バナナ…1本
チョコレートホイップクリーム（市販）…200㎖
チョコスプレー…適量
かざり用シュガー…適量

つくりかた ⏰5
❶バナナは皮をむいて1.5㎝の厚さの輪切りにします。
❷バットなどに❶を並べ、ホイップクリームをしぼり、チョコスプレーやかざり用シュガーでかざり、冷蔵庫で冷やし固めます。

夏

ハワイアンパンケーキ
トロピカルシャーベット
キラキラスターゼリー
レモンミルクレープ
ひんやりピーチプリン
サマーレアチーズケーキ
フルーツミルク寒天

SUMMER

さんさんと照りつける夏のお日さまに素肌もヒリヒリ。
こんな日は体のなかからスーッとする、ひんやりスイーツにしちゃおう♥
ヨーグルトを使った絶品パンケーキや旬の果物、
アイスやシャーベットを上手に組み合わせれば、
あっという間に楽園スイーツ♪

夏 SUMMER

ハワイアンパンケーキ
フルーツたっぷり、楽園(らくえん)スイーツ♥

トロピカルシャーベット
太陽の恵みいっぱいつまった絶品アイス！

夏 SUMMER

ハワイアンパンケーキ

材料・約6枚分

ホットケーキミックス…150g
プレーンヨーグルト(無糖)…50g
バナナ…1本
パイナップル(缶詰でもOK)…80g
オレンジ…1個

卵…1個
牛乳…50㎖
バター(無塩)…20g
サラダ油…適量

かざり
アーモンド…5粒
メープルシロップ…適量
ホイップクリーム(市販)…適量

準備しておこう

★バターは電子レンジで30秒加熱し、とかしておきます。
★アーモンドは包丁であらく刻んでおきます。

おいしく！のコツ

生地を真上からゆっくり流し入れるときれいな丸に。また、直径6〜10cmくらいの小さいサイズにすると、カンタンにひっくり返せます。

つくりかた

1 ボウルにホットケーキミックス、卵を割り入れ、泡立て器でほぐします。

2 全体的にまんべんなくまざったら、牛乳、ヨーグルト、とかしバターの順に加えてさらにまぜます。

3 バナナは皮をむいて1cmの厚さの輪切りに、パイナップルは2cmの大きさに、オレンジはくし形に8等分に切り、皮をむきます。

4 フライパンにサラダ油をひき、弱火で温め、❷の生地をお玉に⅔くらいすくって、丸くなるように流し入れます。

5 表面にプツプツと小さい穴があいて、ふちが固まってきたらフライ返しで裏返します。裏がわも焼き色がつくまで、1分ぐらい焼きます。

お皿にパンケーキを並べて、お好みでメープルシロップをかけたり、フルーツやアーモンド、ホイップクリームでかわいくデコレーション♪

トロピカルシャーベット

材料・グラス4個分
18cm角3cmの深さの容器を使用

- プレーンヨーグルト(無糖)…300g
- パイナップル(缶詰でもOK)…250g
- 冷凍マンゴー…200g

- 生クリーム…100ml
- 砂糖…大さじ5
- レモン汁…大さじ2

かざり
- ミント…適量

ちょこっとアレンジ！

スーパーなどでは、あらかじめ切ったフルーツが手に入ります。季節によって、いろいろな種類があるので一年中たのしめるよ♥

つくりかた ⏰8

1 プレーンヨーグルトはクッキングペーパーをひいたザルなどに入れ、軽く水切りをしておきます。数分たつと、写真のように水分が出てきます。

2 パイナップルは2cmくらいに切り、マンゴーと合わせて写真のように果肉の形が残る程度にミキサーにかけ、ボウルにうつします。

3 ❷に❶のヨーグルトと生クリーム、砂糖、レモン汁を加えてまぜます。

4 ❸をタッパーなどに入れて冷凍庫で冷やし固めます。

5 60分たったら冷凍庫から取り出し、フォークで表面をくずし、さらに30分ほど冷凍庫で冷やします。

> スプーンなどで丸くすくってガラスの器に盛り、ミントをトッピングするとカワイイ★

夏 SUMMER

キラキラスターゼリー

グラスのなかは夏の星空♥

材料・グラス4〜5個分

オレンジジュース…250ml
アセロラジュース…200ml

＋

砂糖…大さじ1
粉ゼラチン…5g×2
水…大さじ3×2

かざり
　かざり用シュガー

準備しておこう

★粉ゼラチンはそれぞれ5gを水（大さじ3）に入れてふやかしておきます。

食べものミニ知識

ゼラチンは約90％がタンパク質でできていて、脂肪分がほとんどないのでヘルシーなスイーツづくりにぴったり。消化吸収もいいので、風邪などで体力が落ちているときにもおすすめです。

つくりかた

8

1

ボウルにオレンジジュースを入れ、砂糖と電子レンジで10〜20秒加熱してとかしたゼラチンを入れて、よくかきまぜ、とかします。アセロラジュースも同じようにします。

2

❶のオレンジジュースをグラスにそそぎ、冷蔵庫で約1時間冷やし固めます。

3

❶のアセロラジュースをバットなどに流し入れて、オレンジジュースと同じく、冷蔵庫で約30分冷やし固めます。

4

アセロラゼリーをフォークなどでくずし、オレンジゼリーの上にのせます。

> かざり用のシュガーはいろいろあるよ。かわいくかざってみよう★

夏 SUMMER

レモンミルクレープ

さわやかな香(かお)りのクリームたっぷり♪

材料・1台分
縦18cm横13cmの卵焼き器を使用

- クレープミックス(市販)…100g
- ホイップクリーム(市販)…200ml
- レモンジャム…大さじ8

- 卵…2個
- 牛乳…200ml
- サラダ油…大さじ1
- (クレープを焼くときの)サラダ油…適量

かざり
- ホイップクリーム(市販)…少々
- レモン…少々

つくりかた

❶
ボウルにクレープミックスを入れ、卵を加えてまぜます。

❷
❶に牛乳を加えてまぜます。

❸
❷にサラダ油を加えて、さらにまぜて生地をつくります。

❹
熱した卵焼き器に、サラダ油をひき、❸の生地をうすく流し入れ、中弱火で両面焼きます。これを8枚つくります。

❺
❹にホイップクリームをのせます。その上に新しいクレープをのせ、レモンジャムをぬります。これをくりかえし、冷蔵庫で約30分冷やします。

❻
❺を半分に切って重ね、食べやすい大きさに切ります。かざり用のホイップクリームとレモンをのせて完成！

おいしく！のコツ
卵焼き器の生地がきつね色になってきたら、写真のようにはしで端っこをつまんで、ひっくり返すと上手に焼けます。やけどには気をつけて！

夏 SUMMER

ひんやりピーチプリン

ぷるぷる白肌(しろはだ)のヒミツは桃(もも)!

材料・4個分

桃の缶詰…250g
（ここでは白桃を使っていますが、黄桃でもOK）
桃の缶詰のシロップ…60g
ホイップクリーム（市販）…適量

＋

牛乳…50ml
生クリーム…50ml
粉ゼラチン…5g
水…大さじ3

かざり
ミント…少々

準備しておこう

★粉ゼラチンは水に入れてふやかしておきます（p29参照）。
★桃の缶詰は果肉とシロップに分けておきます。

食べものミニ知識

桃は、夏のフルーツの代表。おいしい桃を見分けるポイントは、よく色づいているもの、そして左右対称のものを選ぶことです。

つくりかた

 8

❶ 桃は50gをかざり用に別にしておき、残りを包丁で細かく刻んで、写真のようにペースト状にし、シロップと合わせておきます。

❷ 牛乳、生クリームを入れたボウルに、電子レンジで10〜20秒加熱してとかしたゼラチンを加えます。

❸ ❷に❶を加え、ボウルの底を氷水にあてながらまぜます。

❹ トロリとしてきたら、型に流し入れ、冷蔵庫で40分冷やし固めます。

❺ 型からはずしてお皿にうつし、ホイップクリームをしぼり、かざり用に別にしておいた桃をサイコロ状に切ってのせます。仕上げにミントをかざって、できあがり♪

夏 SUMMER

サマーレアチーズケーキ
夏のパーティーにぴったり！

材料・1台分
直径18cmの底が抜ける丸いケーキ型を使用

ココアバニラクッキー（市販）
…18枚（約90g）
クリームチーズ…200g

砂糖…50g
生クリーム…200ml
レモン汁…大さじ2
粉ゼラチン…8g
水…大さじ3

かざり
ホイップクリーム（市販）…適量
さくらんぼ（缶詰でもOK）…適量

準備しておこう
★粉ゼラチンは水に入れてふやかしておきます。
★クリームチーズは冷蔵庫から出して常温にもどしておきます。

つくりかた

1 ビニール袋などにクッキーを入れ、めん棒でたたいて割り、クッキングシートをしいた型にしきつめ、冷蔵庫に入れておきます。

2 ボウルにクリームチーズと砂糖を入れて、泡立て器でなめらかになるまでよくまぜます。

3 ❷に生クリームとレモン汁を入れてまぜます。

4 ゼラチンを電子レンジで10～20秒加熱してとかし、❸に入れてまぜます。

5 ❶の型に❹の生地を流し入れ、冷蔵庫で1時間冷やし固めます。

おいしく！のコツ
クリームチーズを流した型を、両手でトントンと数回軽く落とすと空気が抜け、表面が平らに。ゴムべらで整えるとさらにきれい。

ケーキ型の底を抜いて、お皿にのせ、ホイップクリーム、さくらんぼをかざれば、パティシエ気分♪

超おいしい！
春と夏にぴったりドリンク

手づくりジュースだってカンタン！
季節のフルーツを使ったビタミンたっぷりのひんやりドリンクでヘルシーになろう♪

ベリーベリーソーダ
いちごの酸味と甘さが広がる♥

材料・2人分
いちごジャム（またはベリー系のジャム）…大さじ3
炭酸水…400㎖

つくりかた ②
グラスにジャムを入れ、炭酸水をそそぎます。ジャムの果実をくずして、まぜながらどうぞ♪

チョコバナナシェイク
定番のチョコバナナをドリンクで！

材料・2人分
バナナ…1本（180g）
アイスクリーム（バニラ）…100㎖
牛乳…200㎖
チョコレートシロップ…適量

つくりかた ①
❶バナナは皮をむいてひとくち大に切り、チョコレートシロップ以外のすべての材料を合わせてミキサーにかけます。
❷グラスにそそぎ、チョコレートシロップをかけます。

とろりんピーチミルク
心もとろける優しい味わい

キウイヨーグルトスムージー
フレッシュな果肉がたっぷり♪

材料・2人分
桃ジュース…400㎖
牛乳…200㎖
ミント…適量

つくりかた
❶桃ジュースと牛乳を合わせてまぜます。
❷グラスにそそぎ、ミントをのせます。

材料・2人分
キウイフルーツ…2個
牛乳…150㎖
プレーンヨーグルト(無糖)…80g
はちみつ…大さじ1

つくりかた
❶キウイフルーツは皮をむいてひとくち大に切り、冷凍しておきます。
❷❶のキウイフルーツとすべての材料を合わせ、ミキサーにかけます。

お菓子づくりの道具を用意しよう

この本では、おもにこんな道具を使います。お菓子づくりをはじめる前に、準備しましょう。

はかり
材料を分量どおりにはかるのはお菓子づくりの基本。はかりは材料をのせて重さをはかる道具です。

計量スプーン
「大さじ1」「小さじ1」などと出てきたら、このスプーンではかります。「大さじ」は15ml、「小さじ」は5mlです。

計量カップ
1カップは200ml。はかるときは、平らなところで目盛りの位置と同じ高さに目線を合わせましょう。

包丁・キッチンバサミ
どちらも材料を切るのに使います。マシュマロを切るときなどはハサミのほうがうまく切れます。

まな板
材料を包丁で切るときの台にします。使ったあとはよく洗って清潔にしておきましょう。

バット
材料をのせたり、冷やしたりするのに使います。大小いろいろなサイズがあると便利です。

ボウル
ガラスでもステンレスでもOK。大きさの違うものがあると、湯せんしたり氷水をあてたりするのに便利。

なべ
材料を温めたり、ソースをつくったりするときに使います。つくる分量によって、サイズを使い分けましょう。

フライパン
材料を焼くときに使います。よく熱してから材料を入れるのが、上手に焼くコツです。

泡立て器
材料をまぜたり、泡立てたりするのに使います。ハンドミキサーがあれば、よりスピーディにできます。

ゴムべら
材料をさっくりまぜ合わせるときに使います。液体のものを残さずすくい取るのにも活躍します。

フライ返し
フライパンで材料を焼いているときに、ひっくり返したり動かしたりするのに使います。

めん棒
クッキーやナッツをくだくときに使います。材料をビニール袋に入れてたたくと飛び散りません。

ケーキ型
丸いタイプ、四角いタイプなどいろいろな形がありますが、この本では底の抜ける丸いタイプを使います。

ゼリー・アイスなどの型
ゼリーやアイス、グミを冷やし固めるのに使います。かわいい型が各種あるので、好みの型を使いましょう。

ミキサー
材料をペースト状にしたり、ジュースづくりに使います。入れすぎるとよく回らないので注意してください。

秋

ふわふわドーナツサンド
ホワイトチョコマロン
ひとくちスイートポテト
パンプキンマフィン
マシュマロバー
梨のシャンティー
柿のクランブル

AUTUMN

柔らかくなった日差しと涼しい風に、みんなもすっかり長袖。
大好きな本を読むのにちょっと飽きちゃったら、
今日はスイーツづくり♪
かぼちゃや栗などの野菜や秋の果物を使えば、
ハロウィンパーティーにもぴったりな、ほんわかスイーツの完成!

秋 AUTUMN

ふわふわドーナツサンド
口(くち)のなかでフワっととろける絶品(ぜっぴん)ドーナツ

ホワイトチョコマロン

ほっくりした栗(くり)とチョコのコンビが◎

秋 AUTUMN

ふわふわドーナツサンド

材料・6個分

ホットケーキミックス…100g

卵…1個
砂糖…大さじ2
サラダ油…大さじ1
牛乳…50ml

トッピング
ホイップクリーム(市販)…適量
ミックスジャム…適量
粉砂糖…適量

ちょこっとアレンジ！

ドーナツにサンドするクリームは、カスタード、ピーナッツクリーム、チョコレートなどや、クリームチーズ＋ブルーベリージャム、生クリーム＋あんこの組み合わせもおすすめ。

つくりかた

1 ボウルに卵、砂糖、サラダ油、牛乳を入れ、なめらかになるまでまぜます。

2 ホットケーキミックスを加えて、さらにまぜます。

3 ❷の生地を、シリコンのドーナツ型に半分の高さまで流し入れます。

4 全部入れ終わったら、写真のように低いところから型を数回トントンと落として、空気を抜きます。

5 電子レンジで2分30秒〜3分30秒加熱します（様子をみながら、少しずつ加熱し、ナマっぽさがなくなればOK）。型から出して、ドーナツが冷めたら横半分に切り、片方にホイップクリームをしぼる。

6 ホイップクリームの上にミックスジャムをのせ、もう片方のドーナツをかぶせます。仕上げにこし器で粉砂糖をふります。

ホワイト チョコマロン

材料・10個分

ホワイトチョコレート(板)…1枚
栗の渋皮煮(市販)…10個
アーモンドプラリネ…50g
(またはキャラメルクランチ)

つくりかた

⏰ 6

1 ホワイトチョコレートは細かく刻みます。

2 ①を耐熱ボウルに入れ、湯せん(ボウルをお湯で温める)にかけ、なめらかにとけるまでまぜます。

3 栗の半分を②のチョコでおおうようにつけ、軽くふって余分なチョコを落とします。

4 ③のチョコの部分にアーモンドプラリネをまぶしつけます。

5 クッキングシートの上にのせて、しばらくかわかしたらできあがり。

食べものミニ知識

栗は、お肌つるつる効果のあるビタミンCがたっぷり！栗のビタミンCは加熱してもこわれません。

＊アーモンドプラリネ…アーモンドに加熱した砂糖を加えてカラメル状にしたもの
＊キャラメルクランチ…キャラメル味のビスケットを細かくくだいたもの

秋 AUTUMN

パンプキンマフィン
ハロウィンパーティーのヒロイン♪

材料・10個分

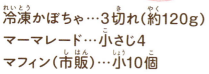

冷凍かぼちゃ…3切れ（約120g）
マーマレード…小さじ4
マフィン（市販）…小10個

メープルシロップ…大さじ2

トッピングのクリーム
生クリーム…50ml
砂糖…小さじ1

かざり
チョコレート菓子（市販）…適量

準備しておこう

★冷凍かぼちゃは解凍しておきます。

食べものミニ知識

野菜のなかでも栄養価の高いかぼちゃ。とくに、冷えから体を守るビタミンEが豊富。冷え性の人は積極的に食べましょう。

つくりかた

⏰ 8

1

かぼちゃは1cm角に切ってメープルシロップであえます。

2

ボウルに生クリームと砂糖を入れ、ボウルの底に氷水をあてて冷やしながら、泡立て器かハンドミキサーで泡立てます。写真のように、角がたつぐらいまで泡立てることがポイント。

3

マフィンはまんなかを少しくり抜きます。

4

マフィンの穴にマーマレード、生クリーム、かぼちゃの順にのせます。

好きなチョコレート菓子をトッピングすると、もっとおしゃれに♪

秋 AUTUMN

マシュマロバー

サックサク！が楽しい食感♥

材料・約8本分

- いもようかん(市販)…100g
- マシュマロ…100g
- フルーツ入りコーンフレーク…100g
- ホワイトチョコチップ…50g
- ＋
- バター…20g

つくりかた

⏰ 6

1

いもようかんは1cm角に切ります。

2

耐熱ボウルにマシュマロ、バターを入れ、ラップをふんわりかけて電子レンジで1分30秒〜2分加熱します。

3

写真のようにマシュマロもバターもとけた状態になります。

4

❸が熱いうちに、コーンフレーク、いもようかん、ホワイトチョコチップを入れてまぜます。

5

❹をクッキングシートをしいたバットに入れて平らにならし、冷蔵庫で30分ほど冷やし固めます。

6

完全に固まったら、包丁で棒状に切り分け、お皿に盛ります。

ちょこっとアレンジ！

いもようかんのかわりに、焼きいもや甘栗、コーンフレークのかわりに、好みのナッツ、おせんべい、キャンディをくだいたものを入れるとまた違った食感、味わいになるよ。

秋 AUTUMN

梨のシャンティー

ふんわりクリームが
フレッシュな梨を包む♪

材料・4個分

梨…1個
スポンジケーキ（市販）
…5号サイズの½台（約100g）

砂糖…60g
水…200㎖
レモン…⅙個

トッピングのクリーム
生クリーム…100㎖
砂糖…小さじ2

かざり
セルフィーユ…少々
ピンクアラザン…適量

準備しておこう

★レモンは皮をむいて、果汁をしぼっておきます。

食べものミニ知識

梨にたっぷり含まれる果糖やリンゴ酸、クエン酸には、疲れをやわらげる作用があります。また、お通じをよくしてくれる成分も豊富です。

つくりかた

1 梨は皮をむき、タテに4等分に切って芯を取り、それぞれを3等分にします（合計12等分）。

2 耐熱ボウルに砂糖、水、レモンの皮と果汁、❶を入れ、ふんわりラップをして、電子レンジで3分加熱。

3 加熱した❷を、スプーンで底からまぜかえし、さらに電子レンジで3分加熱し、そのまま冷まします。あら熱が取れたら冷蔵庫で冷やします。

4 ボウルに生クリームと砂糖を入れ、ボウルの底に氷水をあてて、冷やしながら泡立て器かハンドミキサーで写真のように、角がたつくらいまで泡立てます。

5 キッチンペーパーをしいたバットに❸を並べ、水気を軽く切ります。

6 スポンジケーキはコップなどで丸く4枚くり抜きます。梨、生クリームの順に重ね、セルフィーユとピンクアラザンをかざります。

シャンティー…生クリームを泡立てたもの
アラザン…ケーキなどの表面につけるかざり用のつぶ状の砂糖菓子

秋 AUTUMN
柿のクランブル
カリカリサクサク食感にスイートな柿♥

材料・2個分
直径10cmの耐熱皿を使用

- クッキー(市販)…8枚(約30g)
- フルーツ入りコーンフレーク…30g
- 柿…2個

＋

- 砂糖…大さじ4
- バター…20g
- バター(器にぬる用)…10g
- 粉砂糖…適量

つくりかた

⏰ 6

1

クッキーとコーンフレークは袋に入れて、めん棒であずき大の大きさになるようにたたきます。

2

柿は種を取りのぞき1.5cm角に切ります。

3

フライパンに中火でバターを熱し、柿、砂糖を入れ、しんなりするまで弱火で炒めます。

4

耐熱容器にバターをぬります。

5

❹の耐熱容器に、❸の炒めた柿、❶の順にのせ、オーブントースターで焼目がつくまで焼きます。

仕上げに、粉砂糖をふります。
バニラアイスを添えても◎

クランブル…カリカリ＆サクサクのそぼろ状(＝クランブル)の食感を楽しむイギリスの伝統的なお菓子

食べものミニ知識

柿にはビタミンCとカロテンが豊富。どちらも風邪に負けない元気な体をつくってくれる頼もしい栄養素。食物繊維もたっぷり!

超カンタン！
ひとくちスイーツ

チョコやマシュマロ、ポップコーンなどを上手に活用して、
ちょっとだけ手を加えれば、家族も喜ぶスイートなおやつに♥

くまくまマシュマロ
ふわふわうまうまくま♥

材料
マシュマロ(大)…5個
マシュマロ(小)…10個
チョコペン…適量

つくりかた
❶マシュマロは大小ともに半分の厚さに切ります。チョコペンは湯せんでとかします。
❷小さいほうのマシュマロにチョコペンのチョコを少しつけ、大きいマシュマロに耳のようにつけてかわかします。
❸チョコペンでくまの顔を描いてかわかします。

キャラメルポップコーン
香ばしいフレーバーが口に広がる

材料
ポップコーン…2カップ(約20g)
砂糖…50g
バター(無塩)…15g
はちみつ…大さじ1
牛乳…小さじ1

つくりかた
❶フライパンに砂糖、バター、はちみつを入れ、中火で加熱します。
❷まぜないようにフライパンをゆすってとかし、キャラメル色になってきたら火からおろし、牛乳を入れます。＊少しはねるので注意してね。
❸❷のフライパンにポップコーンを入れ、菜ばしでパラパラになるまでまぜます。

クラッカーナッツサンド
チョコとナッツはベストカップル♪

材料
クラッカー…20個
チョコレートクリーム…15g
ピーナッツクリーム…15g

つくりかた
❶クラッカーにチョコレートクリーム、ピーナッツクリームをそれぞれぬります。
❷クラッカーでサンドします。

チョコべえ
甘いチョコとしょうゆせんべいの不思議な出会い

材料
チョコレート(板)…1枚
せんべい…30g

つくりかた
❶板チョコは手で小さくわって湯せんでとかします。
❷せんべいも手で小さくわっておきます。
❸とかしたチョコレートのなかにせんべいを加えてまぜ、スプーンなどですくって固めます。

ふわふわズコット
ブッシュ・ド・ノエル
らくちんアップルパイ
カステラチョコボール
キャラメル蒸(む)しパン
プチショコラ
カルピスフレンチトースト

WINTER
....

暖(あたた)かな部屋(へや)の窓(まど)から目(め)を移(うつ)せば、もう外(そと)は雪(ゆき)で真(ま)っ白(しろ)。
クリスマスイブ、バレンタインデー。
冬(ふゆ)は大(だい)好(す)きな子(こ)と過(す)ごしたいイベントが続(つづ)いちゃう。
ライバルに差(さ)をつけるのは、
胸(むね)いっぱいの想(おも)いをこめた手(て)づくりスイーツできまり♥

ふわふわズコット

暖(あたた)かいお部(へ)屋(や)で食(た)べたい、ひんやりケーキ♪

ブッシュ・ド・ノエル

チョコの木のそばでサンタさんがにっこり♥

❄ WINTER

ふわふわズコット

材料・1個分
直径15cmのボウルを使用

- バウムクーヘン（市販）…大½個
- ミックスナッツ…80g（味のついていないローストタイプ）
- アイスクリーム（バニラ）…約400ml
- チョコチップ…80g

かざり
- 粉砂糖…適量
- ココア…適量

つくりかた ⏰10

1 バウムクーヘンは薄くスライスします。

2 ミックスナッツは細かく刻みます。

3 ラップをしいたボウルに、バウムクーヘンをすき間なく並べます。

4 室温で柔らかくしたバニラアイスとナッツ、チョコチップをまぜ、❸につめ、残りのバウムクーヘンでフタをします。ラップをして冷凍庫で2時間ほど冷やします。

5 ボウルをさかさまにしてズコットをお皿に出し、三角形の山のような模様になるように、粉砂糖とココアを茶こしでふります。

ズコット…イタリアのお菓子で、半円形の半解凍のケーキ。
本来は、アイスではなく生クリームやチーズをまぜたものをつめてつくります

おいしく！のコツ

ココアと粉砂糖で写真のような模様をつくるには、まず全体に粉砂糖をふり、三角形に切った紙をのせ、ココアをふって紙をはずします。

ブッシュ・ド・ノエル

材料・小1台分
チョコレート(板)…110g
ロールケーキ(市販)…小1本
生クリーム…100ml
バター…50g

かざり
砂糖菓子…お好みで
粉砂糖…適量

準備しておこう
★バターは常温で柔らかくしておきます。

おいしく！のコツ
クリスマスの季節になると、スーパーでもクリスマスらしい砂糖菓子が並びます。ケーキのまわりに並べたり、チョコペンやアラザンなどでデコレーションすると、より華やかになるよ。

つくりかた

1
チョコレートは包丁で細かく刻みます。

2
小なべに生クリームを温め、耐熱ボウルに入れて❶を加えます。ゴムべらでゆっくりとかすようにまぜます。

3
❷がとけたらバターを入れ、ムラがなくなるまでまぜ、氷水にあてながら、ぬりやすい固さになるまで泡立て器でまぜます。

4
ロールケーキは前方を斜め3cm幅に切り落とし、❸を少し底面につけて、残りのロールケーキの上にのせます。

5
ロールケーキ側面にナイフかスプーンで❸をぬり、木の幹をイメージしてフォークで線を引くように模様をつけます。

お皿に盛り、ケーキのまわりにサンタクロースなど市販の砂糖菓子をかざり、粉砂糖をふってかわいくデコレーション★

ブッシュ・ド・ノエル
…薪の形をしたクリスマスケーキ。ロールケーキを薪に見立ててつくるフランスの伝統菓子

らくちんアップルパイ

サクサク生地（きじ）の上（うえ）に、りんごがいっぱい！

材料・8個分

冷凍パイシート…2枚
りんご…½個

卵黄（つや出し用）…1個
バター…20g
砂糖…大さじ2

準備しておこう

★オーブントースターはあらかじめ2分ぐらいダイヤルを回して温めておきます。
★パイシートは室温で半解凍にしておきます。

食べものミニ知識

りんごは栄養成分にすぐれたフルーツ。カリウム、食物繊維、ビタミンC、ミネラル類が豊富。虫歯予防、疲労回復、便秘解消などが期待できます。

つくりかた

1 半解凍した冷凍パイシートは、1枚を4等分に切ります。

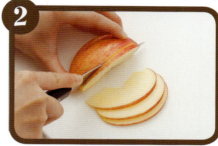

2 りんごは半分に切り、芯を取りのぞき、5mm幅にスライスします。

3 パイシートにといた卵黄をぬり、❷を4枚ずつ並べ、1cmほどの大きさに細かくしたバターをのせます。

4 砂糖を全体にまぶし、予熱をしたオーブントースターで8分焼きます（途中、こげるようならアルミホイルをかぶせてください）。

カステラチョコボール

チョコなのに、ふんわりかる〜い味わい♥

材料・約16個分

- カステラ(市販)…200g
- ホワイトチョコレート(板)…1枚

➕

- 生クリーム…50ml
- かざり
  - チョコペン(白・ピンク)…適量

つくりかた

1 カステラは手で細かくほぐします。

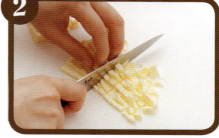

2 ホワイトチョコレートは包丁で細かく刻み、耐熱ボウルに入れておきます。

3 小なべに生クリームを沸とうさせ、❷のボウルに入れ、ゴムべらでまぜとかします。

4 カステラに❸を加え、よくまぜます。

5 冷めたら手のひらで❹をピンポン球より少し小さいぐらいの大きさに丸めます。

6 写真のようにチョコペンでかざりを描きます。ピンクも同じように、かわいくデコレーションしましょう。

食べものミニ知識

チョコレートに含まれるテオブロミンという成分には、集中力や記憶力を高める作用があると言われています。勉強に集中できない…なんてときに、このスイーツが助けてくれるかも!?

冬 WINTER

プチショコラ
心もとろける手づくり生チョコ♥

材料・20個分

ミルクチョコレート（板）…2枚

＋

生クリーム…60㎖
バター…20g

かざり
　ココア…適量
　かざり用シュガー…適量

準備しておこう

★バターは室温で柔らかくしておきます。

つくりかた

⏰ 10

1

チョコレートは包丁で細かく刻み、耐熱ボウルに入れておきます。

2

小なべに生クリームをふっとうさせ、❶に加えてまぜます。バターを加え、ムラがなくなるまでまぜます。

3

❷のボウルを氷水にあて、しぼりやすい固さになるまでまぜます。

4

しぼり出しぶくろに❸を入れ、クッキングシートをしいたバットの上にしぼり、冷蔵庫で15分以上冷やします。

5

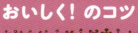

茶こしでココアを全体にふり、かざり用シュガーをトッピングします。

おいしく！のコツ

しぼり出しぶくろでしぼるのがむずかしいときは、写真のようにスプーンでポトッと落とすだけでもOK。固くなりすぎたら湯せんにかけると柔らかくなるよ。

💬 バレンタインには、お気に入りの箱にショコラをつめて、大好きなお友だちにプレゼントしよう

カルピスフレンチトースト

しっとりと甘酸っぱい風味が広がる♪

材料・8枚分

- フランスパン…約1/3本
- カルピス…70㎖

＋

- 卵…1個
- 砂糖…大さじ1
- 牛乳…50㎖
- バター…10g

かざり
- 粉砂糖…適量

つくりかた

1

フランスパンは1.5cmの厚さ8枚に切ります。

2

ボウルに卵を入れてよくときほぐし、砂糖、牛乳、カルピスを加え、泡立てないようにまぜます。

3

❷に❶をひたし、液をよくしみこませます。

4

フライパンにバターを入れて中弱火にかけ、汁気を軽く切った❸を並べ、両面を焼き色がつくまで焼きます。

5

お皿に盛り、粉砂糖をふります。星型に切った紙をパンの上にのせて粉砂糖をふれば、星模様でお召かししたフレンチトーストに。

> 刻んだいちごをそえれば、とってもカワイイ！

食べものミニ知識

カルピスなどに入っている乳酸菌には、腸のはたらきをととのえて、雑菌が増えるのをおさえてくれたり、美肌をつくってくれたり、ぐっすり眠れる効果などがあります。

超おいしい！
秋と冬にぴったりドリンク

手づくりジュースだってカンタン！
寒い季節には、ぽかぽか温まるホットドリンクでのんびりリラックス★

ホットカルピスオレンジ
乳酸菌とビタミンCたっぷり

キャラメルミルクティー
刻んだキャラメルが香ばしさを演出

材料・2人分
カルピス…60ml
オレンジジュース…300ml

つくりかた ③
小なべにカルピスとオレンジジュースを入れ、沸とう直前まで温めます。

材料・2人分
牛乳…200ml　　紅茶（ティーバッグ）…2つ
水…200ml　　　ホイップクリーム（市販）…適量
キャラメル（刻む）…4粒　キャラメルソース（市販）…適量

つくりかた ⑥
❶小なべに牛乳、水、キャラメルを入れ、沸とう直前まで温めます。火を止めたら、キャラメルをよくとかします。
❷❶にティーバッグを入れ、フタをして3分ほど蒸らします。
❸❷をカップにそそぎ、ホイップクリームとキャラメルソースをのせます。